AF242497

PIÈCES

RELATIVES AUX ÉVÉNEMENS

DES 18 ET 19 BRUMAIRE AN HUIT.

UN FRANÇAIS, AUX FRANÇAIS,

SUR BONAPARTE.

Paris, 17 brumaire an 8.

Nous n'avons plus qu'une ombre de constitution. Toutes les autorités ont été tour-à-tour désorganisées. Le pouvoir législatif a été renversé par le pouvoir exécutif, qui l'a été à son tour par le pouvoir législatif. Quelques hommes seulement sont à leur place, et y sont en vertu de la loi. La plupart des fonctions publiques ont été envahies ou données par les plus méprisables factions aux plus ineptes des hommes. Des intérêts abjects, des passions honteuses, dominent dans les lois, dans le gouvernement, dans l'administration, dans la justice. Nous gémissons sous une tyrannie lâche, basse, impuissante, qui n'a sur la France que l'affreux pouvoir de la laisser périr, et qui attend avec une impatience stupide et cruelle le renfort d'hommes pervers qui lui sont promis par les prochaines élections.

Aussi quelle année vient de s'écouler, et quelle année plus désastreuse encore se prépare !

Les traités de paix, conclus par Bonaparte, ont été rompus ; la guerre a été rallumée ; l'armée et le génie du vainqueur de l'Italie ont été éloignés. Toutes les fortunes des citoyens ont été mises en réquisition ; les chevaux ont été détachés des charrues ; les cultivateurs arrachés à leurs moissons ; les ouvriers à leurs ateliers ; les fils, les frères à leurs parens..... et néanmoins les fruits des premières victoires de Bonaparte ont été perdus ; les succès de ses nouvelles entreprises compromis ; des nations affranchies par lui sont repassées sous le joug ; l'Helvétie a revu dans son sein les soldats de l'Autriche ; la république a été elle-même réduite à craindre l'invasion de son territoire ; elle a perdu des généraux distingués ; elle a perdu des armées entières ; en moins de trois mois 60 mille français ont péri sous le fer de l'étranger, après avoir combattu sans pain, sans vêtement, et conduits sans autre plan que celui dont les généraux étaient réduits à concevoir l'idée, sans accord entr'eux, et selon les occurences et les hasards.

Dans l'intérieur, des ennemis, presqu'aussi redoutables que l'étranger, se sont plusieurs fois relevés au milieu de nos alarmes ; la sanglante anarchie a plusieurs fois offert le combat à la basse tyrannie, et c'est à leurs débats qu'a tenu jusqu'à présent le salut des citoyens. Cependant quels accommodements n'a pas obtenu l'anarchie ? Des impôts spoliateurs ont ébranlé la propriété ; la loi des ôtages a détruit la sûreté personnelle ; la guerre civile s'est allumée et embrâse une partie de la République ; une portion nombreuse de l'armée française est employée à combattre des français poussés au désespoir ; la circulation des subsistances est arrêtée ; des anticipations, des réquisitions ont dévoré une partie des revenus de l'an 8 ; tout crédit public et particulier est détruit ; un hiver affreux se présente ; point de travail pour le pauvre, point de subsistances ni de vêtemens pour le soldat ; point de sûreté pour le propriétaire ; point de garantie pour le citoyen.

Français ! le printems qui doit ramener les combats retrouvera-t-il une armée française en face de l'ennemi ? Cela est douteux. Prenez-y garde ; il ne vous restera peut-être d'autre défense contre lui qu'un gouvernement qui n'aura su faire ni la paix ni la guerre !

Mais, non. Cette condition ne peut être la n[...]

Que les représentans du peuple dignes de cette fonc-
tion, que le magistrat qui, seul dans les dernières crises
de la liberté, a soutenu le double choc de l'anarchie
et de la tyrannie, que le guerrier qui nous est rendu
par le génie protecteur de la république; que BONAPARTE,
investi par eux d'un pouvoir digne des talens qu'il a
consacrés à la liberté, s'élèvent, se montrent, et
mettent enfin un terme à la révolution ! A eux seuls
appartient de la terminer honorablement, et de rendre
la république à jamais redoutable à la royauté et à
l'anarchie. Ce sont les hommes plus que les choses,
plus que la perfection qui ont manqué jusqu'à présent
à nos lois constitutionnelles. Il ne faut pas qu'un citoyen,
si éminent par ses services, reste plus long-tems étranger
aux affaires. Il est nécessaire que les idées de force
et de puissance se présentent désormais à côté du
magistrat, comme celles de justice et d'impartialité
à côté des lois. Tout exige enfin qu'avec les hommes
qui nous ont enseigné la liberté, marche celui qui l'a
défendue et affermie.

Qu'on ne nous parle plus de l'envoyer à l'ennemi.
La patrie lui défend de s'éloigner de Paris. Qu'il
n'expose plus au loin une gloire que l'impuissance
même du gouvernement ne peut que compromettre.
Sa gloire, son nom, son existence, devenus propriétés
nationales, nous sont nécessaires dans l'intérieur.

Braves soldats de la république, c'est de Paris que
les savantes combinaisons de Bonaparte peuvent le plus
sûrement vous conduire à la victoire, s'il faut encore
vaincre. Citoyens, c'est à Paris, que Bonaparte doit être,
pour nous donner la paix.

VIVE LA RÉPUBLIQUE !

ILS ONT TANT FAIT,

QU'IL N'Y A PLUS DE CONSTITUTION.

La constitution voulait l'indépendance du corps législatif, et le 18 fructidor ils l'ont décimé. De ce jour, plus de pouvoir législatif. Il manque dans les conseils plus de cent membres, qui jusqu'à leur jugement avaient le droit d'y siéger, et il y a plus de cent intrus qui n'avaient pas le droit d'y venir.

Au 22 floréal an 6, le directoire craignit la révolte des opprimés, et il voulut avoir dans les conseils beaucoup de serviteurs : il avait pris le. soin cruel d'opposer le peuple au peuple dans les assemblées primaires, et d'opérer les scissions : alors il fit le triage nominal des hommes qu'il préférait, admettant toutefois un petit nombre d'hommes honnêtes pour masquer l'odieux du reste de ses choix.

Ainsi la terreur introduisant la corruption, et la corruption assurant la terreur, les conseils n'ont été, jusqu'au 30 prairial, que des machines à décret sous la main de la majorité du directoire.

La constitution voulait, dans les conseils et au directoire, l'indépendance de leurs membres ; et les 18 et 19 fructidor, trois membres du directoire en ont déporté deux, et quatre cents membres des conseils en ont déporté ou expulsé cent autres.

Ainsi un pouvoir tremblait devant l'autre, et chaque magistrat devant son collègue ; c'est comme s'il n'y avait existé que ceux qui faisaient trembler. Comment distinguer deux pouvoirs, entre les oppresseurs qui commandent et les opprimés qui obéissent ?

Le 30 prairial est venu : le parti opprimé s'est relevé ; le parti corrompu, ô justice ! s'est lui-même soulevé contre ses chefs. Ils ont chassé le directeur qu'un an auparavant ils avaient nommé par ordre du directoire ;

et menaçant les autres de la peine due à leur tyrannie, ils ont exigé leur démission. Ainsi, le pouvoir exécutif est avili, anéanti; et la constitution est renversée du côté opposé.

Pour exercer ce pouvoir avili, on eut soin de choisir trois hommes incapables de le relever; et le pouvoir exécutif renversé, s'enfonça de tout son poids dans la boue.

Le pouvoir judiciaire subit deux variations pareilles; et les citoyens furent alternativement jugés par les jurés et par les juges de la faction dominante. Ce pouvoir, qui doit être le garant de la liberté civile, devint comme les autres un instrument d'oppression, et fut une calamité de plus.

C'est de cette dégradation des pouvoirs publics, c'est de l'oppression et de la mauvaise composition du corps législatif, de l'oppression et de la mauvaise composition du pouvoir exécutif, qu'ont résulté tous les maux qui nous accablent; la renaissance de la guerre, les revers de l'an 6, nos conscriptions et réquisitions, la destruction de nos armées, la ruine de nos finances, les taxes spoliatrices, l'emprunt forcé, la loi des ôtages, la guerre civile, etc. etc.

N'allons-nous pas voir le terme de cette calamité ? Sieyes et Bonaparte ne pourront-ils restaurer cette constitution dégradée ? Ne sauront-ils la préserver pour l'avenir, en y ajoutant ce qui y manque ? S'il était vrai que depuis deux ans il a fallu en sortir, pour défendre la liberté, il serait donc vrai aussi qu'elle ne pouvait la garantir; et dans ce cas encore, elle demanderait des changemens. Car, qu'est-ce qu'une constitution qui ne peut défendre la liberté ?

O vous, qui réunissez entre vous la force, la sagesse et le génie ! voyez devant vous, sous cette constitution ruinée, les larges et solides bases d'une constitution libre et vraiment républicaine, ce double principe de la souveraineté nationale et du gouvernement représentatif ! Faites disparaître le platras qui couvre le grand principe , et élevez en place l'édifice qu'il doit porter. Le peuple demande un asyle après tant de maux ; c'est à vous de l'ouvrir.

DÉCRET.

Extrait du procès-verbal des séances du Conseil des Anciens.

Du 18 brumaire an 8 de la République française , une et indivisible.

Le conseil des Anciens , en vertu des art. 102 , 103 et 104 de la Constitution , décrète ce qui suit :

ARTICLE PREMIER.

Le Corps législatif est transféré dans la commune de Saint-Cloud ; les deux conseils y siégeront dans les deux ailes du palais.

II. Ils y seront rendus demain, 19 brumaire, à midi. Toute continuation de fonctions et délibérations est interdite ailleurs et avant ce tems.

III. Le général Bonaparte est chargé de l'exécution du présent décret. Il prendra toutes les mesures nécessaires pour la sureté de la Représentation nationale.

Le général commandant la dix-septième division militaire, la garde du corps législatif, les gardes nationales sédentaires, les troupes de ligne qui se trouvent dans la commune de Paris et dans l'arrondissement constitutionnel, et dans toute l'étendue de la dix-septième division, sont mis immédiatement sous ses ordres, et tenus de le reconnaître en cette qualité. Tous les citoyens lui prêteront main-forte à sa première réquisition.

IV. Le général Bonaparte est appelé dans le sein du conseil pour y recevoir une expédition du présent décret , et prêter serment. Il se concertera avec les commissions des inspecteurs des deux conseils.

V. Le présent décret sera de suite transmis, par un messager d'état , au conseil des cinq-cents et au directoire exécutif: il sera imprimé, affiché, promulgué et envoyé dans

» Anciens a dû prendre l'initiative du salut de la patrie
» et de la liberté. La postérité reconnaissante consacrera
» cet acte d'héroïsme. Toutefois il reste encore chargé
» de la gloire d'achever son ouvrage. »

Le général s'est rendu ensuite au conseil des Cinq-Cents, accompagné de ses aides-de-camp et d'officiers-généraux. A son arrivée, le tumulte le plus indécent éclate. Il veut parler ; des cris épouvantables couvrent sa voix. De violentes menaces échappent aux plus furieux. Bientôt des armes brillent et se dirigent sur le héros de la France, sur celui qui tant de fois sauva la République. Il s'avance avec dignité vers le milieu de l'enceinte..... L'agitation, le désordre sont au comble ; la salle retentit de cris, de hurlemens. On s'élance sur le général ; on veut le saisir, le frapper, les poignards sont levés !..... Il est enlevé par les officiers-généraux, qui se placent entre lui et les assassins. Il est porté par eux au milieu des troupes et des citoyens, qu'irrite et soulève d'indignation le récit de pareils attentats.

Lucien Bonaparte présidait ; ses sages et vives remontrances, et plus encore son inaltérable fermeté, au milieu des poignards levés autour de lui, sous le canon des pistolets, rappelaient les représentans du peuple au dévoûment qu'exigeaient les circonstances, le devoir et l'honneur. Retenu quelque tems par l'ascendant qu'inspire un tel courage, les assassins réduits à frémir, n'osent consommer le crime. Ils s'emparent en rugissant de la tribune ; ils en embarrassent les approches. Ces insensés ! ils appèlent la guerre civile ; ils échauffent, ils irritent les ames de leurs complices. Au milieu des plus effrayantes vociférations, ils mettent en délibération les propositions les plus incendiaires ; ils se pressent, se jettent par flots sur le président, qui seul résiste à leur furie, et préserve la patrie du plus horrible avenir.

Le général fait demander le président : il descend au milieu des citoyens qu'il instruit de la situation de l'assemblée, de l'oppression à laquelle des assassins l'ont ré-

duite. L'indignation se manifeste de toutes parts.....
L'ordre est donné de faire évacuer la salle du conseil,
pour laisser aux députés, fidèles à la patrie, la liberté
de s'y rassembler ensuite.

AU NOM DE LA RÉPUBLIQUE FRANÇAISE.

*Loi du 19 Brumaire, an VIII de la République française,
une et indivisible.*

LE conseil des anciens, adoptant les motifs de la déclaration d'urgence qui précède la résolution ci-après, approuve
l'acte d'urgence.

*Suit la teneur de la Déclaration d'urgence et de la Résolution
du 19 brumaire :*

Le conseil des cinq-cents, considérant la situation de la
république,

Déclare l'urgence, et prend la résolution suivante :

ART. I.er Il n'y a plus de Directoire ; et ne sont plus membres de la Représentation nationale, pour les excès et les
attentats auxquels ils se sont constamment portés, et notam-
ment le plus grand nombre d'entr'eux dans la séance de ce matin,
les individus ci-après nommés :

Joubert (de l'Hérault) ; Jouanne , Talot, Duplantier (de
la Gironde) ; Arena , Garau , Quirot, Leclerc-Scheppers ,
Briche (de l'Ourthe) ; Poulain-Grandpré, Bertrand (du Cal-
vados), Goupillau (de Montaigu) ; Marquezy, Guesdon,
Grand-maison , Groscassand - Dorimond , Frison, Dessaix,
Bergasse-Lasiroule, Monpellier , Constant (des Bouches-du-
Rhône) ; Briot , Destrem , Carrère-la-Garrière , Gorrand ,
Legot, Blin, Boulay-Paty, Soulhié, Desmoor, Bigonet,
Mentor, Boissier, Bailly (de la Haute-Garonne) ; Bouvier,
Brichet, Honoré Declerck, Housset , Gastaing (du Var) ;
Laurent (du Bas-Rhin) ; Beitz , Prudhon , Porte , Truck ,
Delbrel, Leyris , Doche (de Lille) ; Stevenotte, Jourdan
(de la Haute-Vienne) ; Lesage Senault, Chalmel, André (du
Bas-Rhin) ; Dimartinelli, Colombel (de la Meurthe) ; Phi

lippe , Moreau (de l'Yonne) ; Jourdain (d'Ile et Vilaine) ; Letourneux , Citadella , Bordas et Daubermenil.

II. Le corps législatif crée provisoirement une commission consulaire exécutive , composée des citoyens *Sieyes* , *Roger-Ducos* , ex-directeurs , et *Bonaparte* , général , qui porteront le nom de *Consuls de la république française*.

III. Cette commission est investie de la plénitude du pouvoir directorial, et spécialement chargée d'organiser l'ordre dans toutes les parties de l'administration , de rétablir la tranquillité intérieure , et de procurer une paix honorable et solide.

IV. Elle est autorisée à envoyer des délégués, avec un pouvoir déterminé , et dans les limites du sien.

V. Le corps législatif s'ajourne au 1.er ventose prochain ; il se réunira de plein droit à cette époque , à Paris , dans ses palais.

VI. Pendant l'ajournement du corps législatif , les membres ajournés conservent leur indemnité , et leur garantie constitutionnelle.

VII. Ils peuvent, sans perdre leurs qualités de représentans du peuple , être employés comme ministres, agens diplomatiques , délégués de la commission consulaire exécutive , et dans toutes les autres fonctions civiles. Ils sont même invités , au nom du bien public , à les accepter.

VIII. Avant sa séparation , et séance tenante , chaque Conseil nommera dans son sein une commission composée de vingt-cinq membres.

IX. Les commissions nommées par les deux conseils , statueront, avec la proposition formelle et nécessaire de la commission consulaire exécutive , sur tous les objets urgens de police, de législation et de finances.

X. La commission des cinq - cents exercera l'initiative ; la commission des anciens , l'approbation.

XI. Les deux commissions sont encore chargées de préparer dans le même ordre de travail et de concours , les changemens à apporter aux dispositions organiques de la constitution , dont l'expérience a fait sentir les vices et les inconvéniens.

XII. Ces changemens ne peuvent avoir pour but que de consolider , garantir et consacrer inviolablement la souveraineté du peuple français , la république une et indivisible , le système représentatif, la division des pouvoirs, la liberté, l'égalité, la sureté et la propriété.

XIII. La commission consulaire exécutive pourra leur présenter ses vues à cet égard.

XIV. Enfin les deux commissions sont chargées de préparer un code civil.

XV. Elles siégeront à Paris dans les palais du corps législatif, et elles pourront le convoquer extraordinairement pour la ratification de la paix, ou dans un plus grand danger public.

XVI. La présente sera imprimée, envoyée par des couriers extraordinaires dans les départemens, et solemnellement publiée et affichée dans toutes les communes de la république.

Signé Lucien Bonaparte, président; Emile Gaudin, Bara, secrétaires.

Après une seconde lecture, le conseil des anciens approuve la résolution ci-dessus. A Saint-Cloud, le 19 brumaire an 8 de la république française.

Signé Joseph Cornudet, ex-président; Herwyn, P. C. Laussat, ex-secrétaires.

Les consuls de la république française ordonnent que la loi ci-dessus sera publiée, exécutée, et qu'elle sera munie du sceau de la république. Fait au palais national des consuls de la république française, le 20 brumaire an 8 de la république. *Signé* Roger-Ducos, Bonaparte, Sieyes.

(N.° 3414.) *Arrêté des consuls de la république.*

Du 20 brumaire.

Les consuls de la république, après avoir entendu le ministre de la justice, arrêtent :

Les fonctionnaires institués par le directoire exécutif, et dont les pouvoirs n'ont point été révoqués, continueront à exercer, en vertu de l'arrêté de leur nomination, jusqu'à ce qu'il en ait été autrement ordonné.

Le présent arrêté sera imprimé; les divers ministres, chacun en ce qui le concerne, sont chargés de son exécution.

Signé Bonaparte, Sieyes, Roger-Ducos.

Pour copie conforme : le secrétaire général, signé Lagarde.

Certifié conforme.

Le ministre de la justice, C AMBACÉRÉS.

Dialogue entre un membre du Conseil des Anciens et un membre du Conseil des Cinq-Cents.

Nota. Cet entretien a eu lieu sur la terrasse du Conseil des anciens, le 18 brumaire, un moment après le décret qui transfère le corps législatif à Saint-Cloud, et investit le général Bonaparte du commandement des troupes comprises dans le rayon constitutionnel.

LE membre des cinq-cents. Ah! mon ami, qu'est-ce que vous avez fait, et qu'allez-vous faire? Expliquez-moi comment un acte si arbitraire a pu s'exercer par le conseil des anciens!...

L'Ancien. Arbitraire! mon ami. Est-ce le décret de translation que tu qualifies ainsi? Quelle est ton erreur! Ouvre donc la Constitution. L'article 101 porte : « que le conseil des anciens peut changer la résidence » du corps-législatif; qu'il indique en ce cas un nou- » veau lieu et l'époque à laquelle les deux conseils » sont tenus de s'y rendre. Que son décret sur cet » objet est irrévocable ».

Le M. des 500. Mais il faut des motifs; il faut qu'il y ait du trouble, du désordre dans le lieu de la rési-dence actuelle, et Paris est tranquille.

L'Ancien. La constitution ne met aucune condition à l'exercice du droit de translation qu'elle confère aux anciens. Elle le leur confie sans réserve. Parce qu'ils sont les Anciens, elle les présume sages. Parce qu'aussi privés du droit de proposer les lois, ils ne peuvent re-tirer de leurs fonctions que l'honneur d'affermir les bonnes lois, ils sont présumés conservateurs Il faut, dites-vous, qu'il y ait du trouble dans le lieu des séan-ces; il doit suffire qu'on puisse en prévoir, et dans les circonstances où nous sommes, qui osera dire que le trouble soit improbable! Il doit suffire aussi que le conseil veuille une plus grande sécurité pour l'émis-

sion libre d'opinions capables d'agiter les ennemis de
la liberté publique ; car, du moment où le corps législatif ne se croit pas , ne se sent pas assez libre , il ne
l'est réellement pas. C'est donc au sentiment intime des
anciens que la constitution a dû s'en rapporter, et ils
n'ont d'autre motif à donner de la translation , sinon
qu'ils en sentent la nécessité ou l'utilité.

Le M. des 5oo. Comment fait-on intervenir la force
dans ceci, et en vertu de quoi les anciens peuvent-ils
en disposer ?

L'Ancien. En vertu de la constitution et du bon sens.
Quand la constitution donne aux anciens le droit de
translation absolu, elle leur donne implicitement les
moyens nécessaires pour l'accomplissement de sa volonté.
Qui veut la fin , veut les moyens. Il serait absurde qu'elle
eût conféré aux anciens le droit de se soustraire à une
oppression existante ou prévue, et qu'elle leur eût re-
fusé la force nécessaire pour ce droit. Les articles 103
et 104 de la constitution déclarent coupables d'attentat
contre la sûreté de la république les membres du conseil des cinq-cents , qui résisteraient à la translation ,
et ceux des directeurs qui retarderaient le sceau , l'envoi et la promulgation du décret. La constitution prévoit
donc l'opposition des cinq-cents et du gouvernement à
la translation ; elle suppose donc au moins qu'ils peuvent être complices de la faction par laquelle les anciens ont craint d'être opprimés. Ce serait donc accor-
der aux anciens une faculté illusoire , que de laisser
la force légale à la disposition de ceux à l'influence de
qui ils jugent à propos de se soustraire.

Le M. des 500. Mais n'avez-vous pas craint d'alarmer
les parisiens et de les mécontenter , en éloignant d'eux
les autorités ? Ne faites-vous pas naître le trouble par
la précaution que vous prenez pour l'éviter ?

L'Ancien. Rassurez-vous ; cette translation sera tout
au plus de quelques jours , et ne peut pas être plus
longue. Le choix de S. Cloud suffirait pour prouver

que l'intention n'est pas de faire une longue absence; car S. Cloud ne pourrait physiquement contenir , avec les autorités qui vont s'y rassembler , tout ce qui est nécessaire à leurs fonctions. Si l'on avait voulu s'établir hors de Paris, on aurait été à Versailles ; et du fait seul qu'il n'en est pas question, le public doit conclure que Paris sera toujours la résidence de l'autorité. Et où peut-elle être mieux pour la sûreté publique ?

Le M. des 500. Mais enfin que veut-on faire ? Quel est donc ce grand sujet de dicusssion pour lequel les anciens croient qu'il faut une si grande surabondance de liberté d'opinions ?

L'Ancien. Ce qu'on veut faire, mon ami, cela t'inquiète ? Tu n'étais donc pas alarmé de voir que rien ne se faisait ; peut-on faire quelque chose de pis que de ne rien faire ? Tu ne vois donc pas que nous touchions au moment où rien n'aurait plus été possible à faire, ni la paix , ni la guerre ; où rien n'aurait plus été possible à récupérer, ni la liberté, ni la propriété ni la Constitution républicaine , garantie de l'un et de l'autre ! Tu ignores donc que la loi spoliatrice de l'emprunt forcé a ruiné nos finances ; que la loi des ôtages nous a donné la guerre civile ; qu'une partie du revenu de l'an huit est dévorée par des réquisitions ; que tout crédit public est éteint , que toutes les dépenses particulières , qui font le revenu de l'ouvrier sont suspendues ; que tous les ateliers sont fermés ; que nous entrons dans un hiver où le pauvre est menacé de se trouver sans ouvrage , et le riche sans sûreté.....; que la PAIX seule peut mettre un terme à tant de maux ; que la restauration de notre Constitution, par-tout ébréchée , peut seule en prévenir le retour et fixer à la fois les incertitudes des puissances étrangères pour négocier avec la France , et les terreurs des citoyens toujours placés entre la tyrannie et l'anarchie; voilà , mon ami, les grands intérêts auxquels il nous faut pourvoir avec promptitude et maturité , loin des esprits inquiets , turbulents, mal intentionnés , loin des factions entretenues au milieu de nous par l'étranger. Voilà pourquoi il faut mettre pendant quelques momens entre Paris et l'Autorité , entre l'intrigue et les lumières , entre la perversité et le patriotisme , la distance de quelques lieues, qui en gênent les communications.

Le M. des 500. Entre nous cependant, mon ami, je crains l'intervention de Bonaparte dans cette affaire. Sa renommée, sa considération, la juste confiance du soldat dans ses talens , et sur-tout ses talens eux-mêmes peuvent lui donner le plus redoutable ascendant sur les destinées de la République. Le sort de la Liberté dépendra-t-il de lui?... S'il était un César , un Cromwel?...

L'Ancien. Un César, un Cromwel!... *Mauvais rôles, rôles usés , indignes d'un homme de sens , quand ils ne le seraient pas d'un homme de bien.* C'est ainsi que Bonaparte lui-même s'en est expliqué dans plusieurs occasions. *Ce serait une pensée sacrilège ,* disait-il une autre fois, *que celle d'attenter au Gouvernement représentatif dans le siècle des lumières et de la liberté. Il n'y aurait qu'un fou ,* disait-il encore , *qui voulût , de gaieté de cœur , faire perdre la gageure de la République contre la Royauté de l'Europe , après l'avoir soutenue avec quelque gloire et tant de périls.* Dans le fait, mon ami , quelle est ici la conduite de Bonaparte ? On l'appelle et il se présente ; le Conseil commande, et il obéit : voilà tout. Sais-tu ce qui l'aurait rendu fort suspect à mes yeux, et aurait fait de lui un sujet de justes alarmes pour la liberté? Ce n'aurait pas été une acceptation précipitée , pas même une offre empressée de son bras et de sa renommée, ç'aurait été son refus. Le Conseil des anciens ayant conçu des vues pour la pacification générale, le rétablissement de l'ordre intérieur, la restauration de la liberté , de la propriété et l'affermissement de la Constitution républicaine ; réquérant Bonaparte d'assurer seulement la translation du Corps législatif, et Bonaparte refusant de concourir ainsi au salut public.

voici, ce me semble, ce que tout homme clairvoyant devrait dire de lui. Un système d'ambition profonde a déterminé ce refus : tout périt dans la République ; l'anarchie s'avance, la dissolution est imminente, et Bonaparte le voit. Il va demander le commandement d'une armée, il l'obtiendra. Une fois à la tête de soixante ou quatre-vingt mille hommes, lorsque le désordre sera à son comble en France, lorsque chaque citoyen, las de chercher une victime ou un refuge inutile, tournera ses regards vers lui, lui tendra les bras, lui demandera ou vengeance ou justice, et toujours protection, alors il n'aura besoin, pour se trouver investi du pouvoir absolu, que de consentir à l'être ; ce sera la Royauté elle-même (et quelle Royauté !) qui viendra s'offrir à lui ; ce sera la Nation avilie par le malheur qui lui offrira un sceptre de fer : c'est sans doute ce que veut Bonaparte. Voilà mon ami, ce que son refus signifierait pour moi, et ce serait sur ce refus que j'appellerais le poignard de Brutus. Mais la Liberté, la République, la Patrie sourient à l'acceptation simple et franche d'un pouvoir donné par les sages patriotes qui composent le Conseil des Anciens. Eh ! qui mériterait plus leur confiance que le guerrier qui a signalé tant de fois son amour pour la Liberté, qui l'a vengée avec tant d'éclat, et de tant d'ennemis. à qui elle doit sa conservation, et qui, en revanche, lui doit la plus grande gloire où puissent atteindre la valeur et le génie.

SUR BONAPARTE.

Conversation entre un Soldat, un Royaliste et un Rentier.

Le Soldat. A la santé du général Bonaparte.
Le Rentier. Moi je n'y bois que sous condition.
Le Royaliste. Moi je n'y boirai jamais.
Le soldat. Pourquoi ?

Le Rentier. Tout le monde le vante : moi , j'attends qu'il m'ait fait du bien , pour le louer.

Le Royaliste. Vous attendrez long-tems : il ne peut rien , il ne veut rien faire pour la république. Ce qu'il a vainement tenté dans des temps plus heureux pour elle et pour lui , peut-il y penser , quand il est sans armée et sans pouvoir ; elle, sans finances , et sans gouvernement ?

Le Soldat. Je ne connais pas Bonaparte , je n'ai pas servi sous lui; mais nous le regardons tous comme la gloire des Soldats de toutes les armées , leur espoir et leur ami.

Le Rentier. Vous parlez en militaire. Mais que nous font ses victoires , sa renommée ; qu'a-t-il fait pour le peuple , pour les républicains?

Le Royaliste. Voilà le mot : qu'a-t-il fait pour les citoyens ? Nos victoires ont ruiné les finances , et n'ont pas donné la paix.

Le Soldat. Ecoutez : je ne sais pas tout, mais j'en sais assez pour vous combattre : les vérités qui vous démentent, sont connues de toute la France.

Le Rentier. Il est bien sûr que depuis que nous avons eu tant de gloire , nous avons eu plus de misère. Que faisait-il en Italie ! Il nous envoyait des drapeaux : il valait mieux nous envoyer de l'argent.

Le Soldat. Il a fait l'un et l'autre. Non-seulement il a entretenu son armée aux dépens de l'ennemi , et sans mécontenter les peuples , mais il a alimenté le trésor public par l'envoi de soixante millions.

Le Rentier. Je me souviens en effet qu'avant le 18 fructidor les affaires étaient améliorées , les rentes étaient montées considérablement , et on disait que nous lui en avions l'obligation.

Le Royaliste. Oui ; mais le 18 fructidor a tout détruit, et il y a contribué.

Le Soldat. Bonaparte y était étranger ; il ne voulait que détruire une conjuration formée contre la répu-

blique, en faveur du trône. Tout ce qui n'était pas nécessaire pour arriver à ce but, ne vient pas de lui. Il desirait la destruction d'une influence funeste, dont les
effets retardaient la paix signée depuis à Campo-Formio.

Le Rentier. Cette paix, il est vrai, ranima toutes nos
espérances ; elle répandit la joie dans la republique : on
bénit celui qui l'avait conclue.

Le Royaliste. Oui ; mais à quoi a-t-elle servi ? L'empire ne l'a pas ratifiée, et le peuple a espéré ses bien-
faits sans les obtenir.

Le Soldat. Est-ce la faute de Bonaparte ? Que ne lui
laissait-on finir à Rastadt ce qu'il avait commencé en
Italie ! Que ne le laissait-on exercer son ascend nt sur
le congrès, au lieu de lui substituer des discoureurs
sans influence et sans lumières !

Le Rentier. Il ne pouvait pas rester à Rastadt et aller
en Egypte.

Le Royaliste. Oh ! son voyage d'Egypte ne fut qu'un
exil déguisé. Hélas ! pourquoi en est-il revenu !

Le Soldat. La médiocrité avait éloigné le génie. Le
génie a su faire tourner au profit de son pays l'injus-
tice dont il fut la victime. Malthe et l'Egypte conquis
et conservés sont de grand moyens d'accélérer la paix :
nous les lui devons.

Le Rentier. Oui ; mais, pendant son absence, que
de maux au dedans, que de malheurs au dehors ! Toutes
les conquêtes qu'il a faites, nous les avons perdues ; la
constitution est foulée aux pieds, il n'y en a plus. En
floréal an 6, le directoire a mutilé la représentation
nationale, décimée en fructidor ; elle n'a repris quelque
puissance, en prairial dernier, que pour renverser à
son tour le directoire, et livrer la république à l'anarchie
qui a pensé la dévorer encore le 28 fructidor dernier.

Le Soldat. C'est au bruit de ces revers, c'est au bruit
de la nouvelle de ces maux que Bonaparte est accouru.
Il a commencé par détruire une armée de dix-huit
mille hommes qui menaçait la sienne en Egypte. Il a

pris 200 drapeaux qui sont à Toulon ; et , tranquille sur l'état de ses braves , il est venu , à travers mille périls, leur chercher des renforts et nous apporter son secours.

Le Royaliste. Son secours ; encore une fois , voyez ce qu'il a fait pour vous depuis son arrivée.

Le Rentier. Oui : je le redis , que ne remédie-t-il au mal ? Il empire chaque jour : nous sommes sans argent , sans commerce , sans travail ; la misère s'accroît , les craintes sont sans bornes , et l'espérance est morte.

Le Soldat. Ecoutez : moi j'étais morbleu bien d'avis qu'il se mît à la tête de nous autres militaires. Soldats, généraux , tout l'aurait suivi , mais mon capitaine qui est habile , et à qui je disais mon sentiment , m'a fait changer d'opinion. Il prétend que l'inaction qu'on reproche à Bonaparte , est plus glorieuse pour lui, que ses victoires. Il dit que c'est par respect pour la liberté , qu'il n'a pas voulu agir de lui-même ; qu'il n'a pas voulu donner l'exemple de la puissance militaire, s'emparant de l'autorité civile ; mais que si les représentans du peuple lui disaient un mot, alors il s'exposerait à tout , sur leur invitation , pour raffermir les fondemens de la république ébranlée , et nous donner la paix.

Le Rentier. La paix. Eh ! le pourra-t il ?

Le Soldat. Il le pourra. Vous ne savez pas combien les puissances coalisées le redoutent et l'estiment. Elles savent qu'il est fidèle à ses promesses , qu'il est incapable de les craindre comme de les tromper : et s'il est jamais revêtu d'un pouvoir public , je compte sur la fin de nos misères.

Le Royaliste. Et moi sur le commencement de la tyrannie.

Le Soldat. Million de bombes ! la tyrannie ! Vous en parlez parce que vous la souhaitez Mais sachez que le général qui a laissé , il y a deux ans , en Italie , une armée de 100,000 guerriers , obéissans à son premier signe , pour venir à Paris , s'honorer d'être un simple citoyen , un membre de l'institut ; le général qui , appelé par l'opinion à s'emparer du pouvoir dont on a abusé sans cesse , sans en user jamais , attend encore qu'une autorité légitime lui en décerne , est loin de vouloir asservir son pays. Il mettra sa gloire à employer sa force pour la liberté. La victoire a couvert Bonaparte de lauriers ; il a besoin à présent de couronnes civiques.

S'il avait voulu s'emparer du pouvoir , il l'eût pris il y a deux ans. S'il le desirait aujourd'hui , il laisserait arriver le gouvernement militaire qui le lui assurerait ; mais ses principes s'éloignent de cette conduite autant que son intérêt. Il ne prendra pas l'autorité ; et si on lui en décerne une portion , il l'emploiera pour poser les bornes du pouvoir et non pour l'usurper ; pour détruire la tyrannie , et non pour l'établir ; pour favoriser le développement des idées libérales , et non pour les étouffer ; pour prouver qu'un gouvernement peut être en même-tems fort et juste , une constitution à-la-fois libre et stable ; pour prouver qu'on peut se passer de rois et de royauté , et non pour les rétablir.

Le Royaliste. Vous parlez comme un docteur. Où en avez-vous tant appris ?

Le Soldat. Un Soldat est un citoyen ; il réfléchit ; il s'instruit , il raisonne. Je suis volontaire aujourd'hui ; mon général l'était il y a un an ; tel est aussi représentant du peuple qui nagueres était chasseur dans un bataillon. Voila encore ce qui garantit la liberté.

Le Royaliste. Je vous laisse avec vos rêves et vos espérances. Vous ne m'avez pas persuadé ; eussiez-vous raison , un royaliste ne peut aimer Bonaparte , ni boire à sa santé.

Le Rentier. Donc, un bon citoyen peut et doit l'estimer. Je bois à la république , à Bonaparte , à la liberté.

ORDRE DU JOUR.

Paris, 18 brumaire, an 8 de la république française ;
une et indivisible.

En conséquence du décret du conseil des anciens, en date
du 18 brumaire, qui donne le commandement de la 17e. division
militaire, de la garde du corps législatif, du directoire exécutif, des gardes nationales sédentaires, des troupes de ligne
qui se trouvent dans la commune de Paris, dans l'arrondissement constitutionnel et dans toute l'étendue de la 17e. division, au général Bonaparte ;

Le général Bonaparte nomme le général de division Lefebvre
son premier lieutenant, et le général de brigade Andréossi,
chef de l'état-major général, ayant sous ses ordres les Adjudans-généraux Caffarelli et Doucet.

Le général de division, Murat, commande toutes les troupes à
cheval.

Le général de division, Lannes, commande au palais national
des anciens ; il aura pour chef d'État-major le chef de brigade
Milhau.

Le général de brigade, Marmont, commande l'artillerie.

Le général de division, Berruyer, conserve le commandement des invalides.

Le général de brigade, Morand, conserve le commandement
de la place de Paris.   Signé   BONAPARTE.

Pour copie conforme :

Le général de division, ALEX. BERTHIER.

---

*Le ministre de la police générale de la république,
à ses concitoyens.*

Du 18 brumaire an 8 de la république française.

CITOYENS,

La république était menacée d'une dissolution prochaine.

Le corps législatif vient de saisir la liberté sur le penchant du précipice, pour la replacer sur d'inébranlables bases.

Les événemens sont enfin préparés pour notre bonheur et pour celui de la postérité !

Que tous les républicains soient calmes, puisque leurs vœux doivent être remplis ; qu'ils résistent aux suggestions perfides de ceux qui ne cherchent dans les événemens politiques que les moyens de troubles, et dans les troubles que la perpétuité des mouvemens et des vengeances!

Que les faibles se rassurent ; ils sont avec les forts : que chacun suive avec sécurité le cours de ses affaires et de ses habitudes domestiques !

Ceux-là seuls ont à craindre et doivent s'arrêter, qui sèment les inquiétudes, égarent les esprits et préparent le désordre. Toutes les mesures de répression sont prises et assurées ; les instigateurs des troubles, les provocateurs à la royauté, tous ceux qui pourraient attenter à la sûreté publique ou particulière, seront saisis et livrés à la justice.

Le ministre de la Police, FOUCHÉ.

AU PEUPLE.

Air : *Ça ira.*

Ah ! ça ira, ça ira, ça ira !
Dans Bonaparte j'ai bonne espérance,
Ah! ça ira, ça ira, ça ira,
Oui, puisqu'il s'en mêle on en finira.
C'est bien à propos qu'il arriva,
Dès long-tems tout au diable s'en va;
Mais ça ira, ça ira, ça ira,
Dans Bonaparte j'ai bonne espérance;
Oui, ça ira, ça ira, ça ira,
Et puisqu'il s'en mêle on en finira.

Au premier instant qu'il parlera ,
S'il veut une armée il en aura ,
Tremblez, Tyrans de la France ,
Le peuple entier la lui formera.
Et ça ira , ça ira , ça ira , etc.

Ça n'all it pas , n'allait pas , n'allait pas ,
Tous ces avocats n'fesaient rien qui vaille ;
Ça n'allait pas , n'allait pas , n'allait pas ,
Tous ces avocats n's'y connaissaient pas,
Chacun d'eux tout en grugeant l'état ,
Se croyait un petit potentat.
Ça n'allait pas , n'allait pas . n'allait pas.
Tous ces avocats n'fesaient rien qui vaille.
Ça n'allait pas , etc.
Tous ces avocats n's'y connaissaient pas.

Depuis si long-tems que nos soldats
Se font casser et jambes et bras ,
Est-ce en léchant la muraille
Que nos p'tits rois sont d'venus aussi gras?
Ça n'allait pas , etc.

Oh ! q'ça irait , q'ça irait , q'ça irait !
Si c'lui qui par-tout fait si bien la guerre ,
Oh ! q'ça irait , etc.
Si Bonaparte f'sait aussi la paix.
N'sait-on pas que déjà ça s'rait fait.
Si c'qu'il fit n'avait été défait ?
Oh ! q'ça irait , etc,
Grand Dieu ! quel bonheur par-tout ça s'rait !
Com' dans chaq' famille on s'embrass'rait !
De tous les bouts de la terre ,
Com' tous les amoureux arriv'raient !
Oh ! q'ça irait , etc.

Par un rentier.

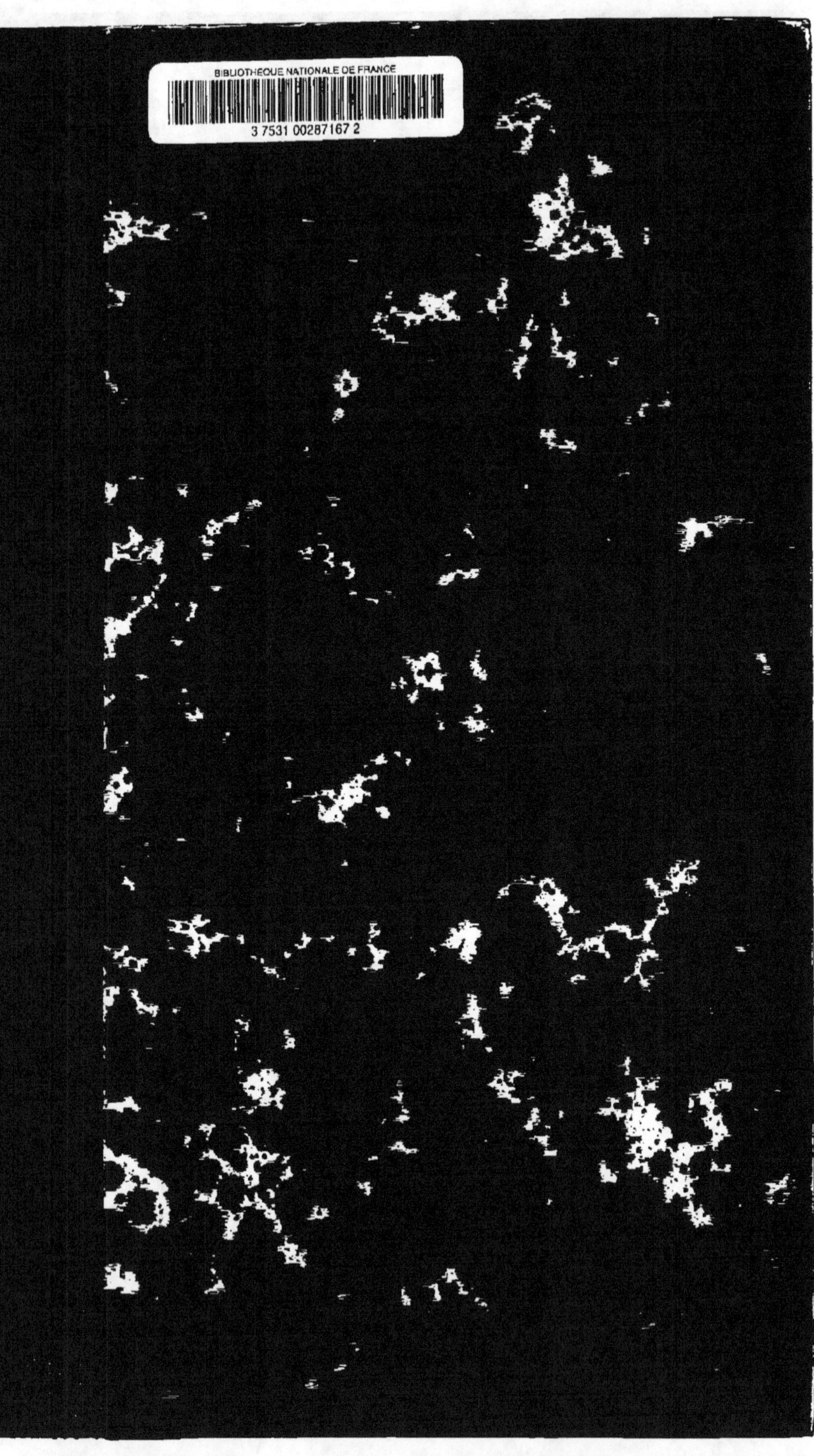